Encyclopaedia
Almanica

Vorwort

Diese neue deutsche Enzyklopädie ist eine Verweigerung. Sie ist zuallererst eine Verweigerung der klassischen Enzyklopädie, die alphabetisch oder chronologisch oder anders sortiert ist. Sie ist nicht geordnet. Ihre Einträge sind nicht höflich erläuternd. Im Gegenteil: Sie verweigert sich in Sprache, Rechtschreibung und Stil der gängigen Art des Verständlichmachens und schlägt einem dabei manchmal ins Gesicht. Das ist nicht die primäre Absicht, nehmen wir aber in Kauf. Sie ist eine Verweigerung auch darin, sich dem deutschtümelnden Diskurs um Migration, Rassismus, Sexismus und Kapitalismus anzupassen. Es ist eine emanzipatorische Schrift mit Stimmen, die sonst nirgendwo gehört werden, und wenn doch, mit allen Mitteln zum Verstummen gebracht werden sollen. Diese Stimmen werden nicht gehört, weil sie zu laut, zu Schwarz, zu dick zu be_hindert, zu ausländisch, nicht akademisch sind. Sie sind nicht angepasst und sie verweigern sich dieser Anpassung.

In mehrheitsgesellschaftlichen Debatten um Heimat und Identität ist es Konsens, sich dem, was als deutsch, bürgerlich, effizient und funktionierend gilt anzupassen: Wir sollen nicht depressiv sein, obwohl der Neoliberalismus und seine Erwartungshaltung an den Menschen uns krank machen. Wir sollen nicht be_hindert sein, weil Inklusion mal auf einem Gymnasium in Schleswig-Holstein nicht funktioniert hat und die Forderungen von Menschen mit Be_hinderung unrealistisch, sprich unbezahlbar seien. Wir sollen uns und unsere Körper überarbeiten

– im doppelten Sinne des Wortes –, unsere Lebenszeit verkaufen, an die, die das größte Stück vom Kuchen abbekommen, weil das nun mal dazugehöre in dieser Welt, in der Menschen sich über ihre Arbeit und nicht über ihren Charakter definieren. Wir sollen nicht zu arm sein, weil was sollen die Geschäftsleute denken, die in Hamburg am Hauptbahnhof aussteigen, sie könnten ja ein abschreckendes Bild zu sehen bekommen. Wir sollen nicht zu dick sein, weil das schließlich ungesund sei und bitte, aber auch ja nicht zu dünn. Wir sollen nicht zu feminin sein, weil da könnten wir ja dümmlich wirken, und was soll das überhaupt heißen, dass sich wer weder als Mann noch als Frau fühlt, wo kommen wir denn da hin. Wir sollen muslimisch sein, wenn wir unser leckeres Essen anbieten, aber nicht, wenn wir ein Kopftuch tragen oder damit gar als etwas anderes als als Reinigungskraft arbeiten wollen. Vor allem sollen wir Deutsche nicht kritisieren und schön dankbar sein, dass wir nicht in den Ländern leben müssen, aus denen unsere Eltern oder Großeltern ausgewandert oder geflüchtet sind, hier gehe es uns ja gut.

[redacted] Doch: Wir haben keinen Bock mehr auf Eure Debatten um Teilhabe, weil wir und unsere Familien sowieso nicht gemeint sind. Wir wollen Euch nicht gefallen, in dem wir uns gut ausdrücken. Wir wollen uns nicht mit den prekären Lebensverhältnissen, in die wir gedrückt werden, zufriedengeben. Wir haben eine Meinung, wir sind laut, auch sonntags. Der Traum eines guten Lebens, der gilt für uns sowieso nicht. Und warum sollten wir uns anpassen, Euch gefallen? Damit Ihr weiter zuseht, wie Heime, in denen geflüchtete Menschen leben, angezündet werden? Damit Ihr weiter zuseht, wenn sich in staatlichen Institutionen Nazis die Klinke in die Hand geben und alles dafür tun, uns und unseresgleichen auszulöschen? Ja, so müssen wir es sagen, seit die NSU-Morde trotz Prozessabschluss nicht aufgeklärt sind und die Handlanger und Akteure es nach wie vor auf uns abgesehen haben.

[redacted] Euer Verständnis vom guten Leben könnte nicht weiter weg von unserem sein. Diese biedere Angepasstheit an das bürgerliche Leben, in dem Ihr Euch bei Euren Nachbarn beschwert, wenn der Müll nicht korrekt getrennt wurde, aber die Fresse nicht aufmacht, wenn der Nachbar die AfD wählt, ist uns zuwider. Lieber redet Ihr mit Rechten als mit uns. Es reicht Euch, ein bis zwei Mal im Jahr auf einer Demo gegen Rassismus zu raven, aber wehe, Ihr sollt Kanaken Jobs oder Studienplätze vermitteln oder gar auf etwas verzichten, was nur ihnen und nicht Euch zugute käme. Danach verkriecht Ihr Euch wieder in Eure stuckverzierte Altbauwohnung und wägt euch in der Sicherheit, dass, wenn alle Stricke reißen, die Familie bzw. das Geld der Omma Euch schon retten wird, und denkt trotzdem, Ihr wärt untere Mittelschicht, und labert von Existenzängsten, obwohl Papa auch diesmal wieder die Miete überwiesen hat.

[redacted] Unsere Eltern und Großeltern, der Onkel mit dem dicken Schnäuzer, waren noch viel mehr darum bemüht es Euch recht zu machen als wir. Sie haben uns den Weg geebnet dafür ein leichteres Leben hier zu führen. Und wir? Mit rollendem R, Goldkette, langen Fingernägeln und falscher Kommasetzung verweigern wir uns dem, was ihr Integration nennt, denn egal wie wir es machen, nie werden wir als gleichwertiger Teil dieser Gesellschaft behandelt. Deswegen ist alles, was wir von Euch wollen, der deutsche Pass und Ruhe. Ihr sollt uns in Ruhe lassen mit Fragen nach Herkunft, vermeintlicher Kultur und Religion. Ihr sollt aufhören, unsere Realitäten in Fragen zu stellen. Ihr sollt aufhören, weiter Nazis und Rechte in Euren Medien zu hofieren und als Nachbarn zu tolerieren. Wenn wir keine Vorteile durch euch haben, wollen wir mit Euren deutschen Leben nichts zu tun haben, denn weder kennt Ihr unsere Geschichte, noch habt Ihr Eure eigene hinlänglich reflektiert und daraus gelernt. Wir lachen über Euch, weil Ihr Euch für die Speerspitze der Zivilisation haltet, unwissend darüber, dass mit Euren Waffen der Kampf um eine bessere Gesellschaft nicht zu gewinnen ist.

[redacted] Im Folgenden sind Tweets der Accounts von Ferraeterin (Ex-@Verraeterin, inzwischen @mon_ferri), Hrmpfm, Ayesha Khan (Ex-@problematash, inzwischen @migrantifa/@lieblingsuserin), Bahar Sheikh (@bahaarebahar), Hengameh Yaghoobifarah (@habibitus) und Zugezogenovic zu lesen.
[redacted] Warum diese Accounts? Die Accounts von Ayesha Khan aka Ash, Zugi und Verräterin aka Ferri aka Köfte Mutti, wie die Personen, die hinter den ersten drei oben genannten Handles stecken, auf Twitter heißen, werden regelmäßig gesperrt. Sobald Ash, Zugi und Verräterin etwas geäußert haben, was zum Beispiel als Rassismus gegen Deutsche interpretiert wurde – es gibt keinen Rassismus gegen Deutsche – oder Männer sich angegriffen gefühlt haben, wurden ihre Accounts in einer Häufigkeit gemeldet, dass sie gesperrt wurden. Denn Twitter sperrt Accounts unter anderem nach dem NetzDG, das heißt, es genügt, dass die Accounts von ausreichend anderen Accounts gemeldet werden. Meist erfolgen Meldungen durch Nazis und Rechte, die im Internet sehr gut organisiert sind, aber auch Accounts, die sich selbst als links bezeichnen, melden Accounts Marginalisierter. Meist sind es Männer, die gegen

Frauen oder Andersgeschlechtliche vorgehen. Dadurch sind wichtige Inhalte im Kampf gegen Rassismus und Sexismus und für ein besseres Leben verloren gegangen. Wichtige Stimmen, die in der Gesellschaft sowieso kaum Gehör finden, werden mit diesem teils organisierten Vorgehen versucht mundtot zu machen. Doch das wird nicht passieren. Denn Ash, Zugi und Verräterin sind zurückgekommen, auch nach mehrfachen Sperrungen – erfreulicherweise.
[redacted] Einige wenige Inhalte wurden archiviert und finden sich hier wieder. Es ist ziemlich wahrscheinlich, dass die Accounts von Ash, Zugi und anderen Personen of Colour und Schwarzen Menschen erneut gesperrt werden oder derzeit sogar gesperrt sind. Da sie nicht nur einmal, sondern mehrfach gesperrt wurden, mussten sich Zugi, Ash und Verräterin bei jeder Anmeldung ein neues Handle, also einen neuen Namen, zulegen. So hatte Ash verschiedene Handles, unter anderen cosmopolitash und apolitash, Zugi hieß zgzgnfmn und Verräterins Handle war zwischenzeitlich Ferraeterin.
[redacted] Die Encyclopaedia Almanica dokumentiert die Inhalte, die die Sperrungen überlebt haben. Darüber hinaus werden die wertvollen Inhalte aller Accounts einer breiteren Öffentlichkeit zugänglich gemacht. Alle Accounts sind liebens- und lesenswert, genauso wie die Menschen, die dahinter stehen wertvoll sind. Die Encyclopaedia Almanica ist eine Sichtbarmachung ihrer Kritiken, ihrer Gedanken, Ansichten und der Schilderungen aus ihrem Leben.

Die Encyclopaedia Almanica ist für alle, die sich mit den Inhalten identifizieren können.

– Amina Aziz

[redacted] Der Account habibitus von Hengameh Yaghoobifarah ist der vielleicht prominenteste der abgebildeten Accounts. Hengameh arbeitet als Journalist*in fürs Missy Magazine, die taz und andere. They, Hengamehs Pronomen als nicht-binäre Person[1], erhält unter fast jedem Tweet Beleidigungen, bei denen sich die Verfasser*innen in der Sicherheit der Anonymität des Internets wiegen und sich in den Bart schmunzeln, wenn sie ihre menschenverachtenden Tweets absetzen. Sie zeigen aber nur ihre Fratze und sind hässliche Kreaturen, die diese Welt nicht braucht. Hengameh hingegen kämpft gegen Feindlichkeit gegen queere Personen und LGBTIQ. Im deutschprachigen Raum gilt they außerdem als Vorreiter*in für body positivity.

[redacted] Bahar Sheikhs Stil zu twittern berührt viele Menschen. Nicht nur, weil sie eine Vorliebe für süße Tiere wie die Haselmaus hat, sondern auch weil sie offen über Verletzlichkeiten und Depression twittert und auch bei anderen Themen, gängige deutsche und eurozentristische Denkweisen dekonstruiert. So hat sie zum Beispiel queere Personen empowert, als sie schrieb, dass Outing ein überflüssiges Konzept sei und keine Person es anderen schulde, sich zu outen.

[redacted] Hrmpfm bezeichnet sich selbst als Rantner*in, Intersectional Blacktivist, als queer und als enby. Auf diesem Account wird das Leben aus der Perspektive einer schwarzen Person mit Be_hinderung manchmal sehr humorvoll, manchmal sehr ernst und immer sehr klug berichtet. Hier werden schwarze Menschen empowert und andere können viel lernen.

1 Nicht-binäre Person oder auch englisch non-binary person, kurz Enby (von NB), steht für Menschen, die keinen Bezug zum binärem Konstrukt von Geschlecht haben (also Mann und Frau)

22.01.2018

Twitter so: Oh 30 Nazi Trolle belästigen, bedrohen, beleidigen und melden den Account einer Kanakin. Lasst mal die Kanakin sperren, die hat's bestimmt verdient.

@apolitash/@cosmopolitash/@problematash

27.03.2018

für mich ist Deutschland wenn der feministische Kampf darin besteht Frauen beim institutionellen Rassismus mitmachen zu lassen

@zugezogenovic

01.06.2018 wusstest ihr dass „Deutschland“ rückwärts gelesen „Abfall“ heißt

@zugezogenovic

28.03.2018 ich will den Vorgesetzten von Deutschland sprechen

@zugezogenovic

18.06.2018

rechte Rhetorik: wenn der *Witz* gegen Ausländer*innen geht dann bitte alle lachen und nicht vor linksfaschistischen Sprechverboten einknicken

@zugezogenovic

18.06.2018

wenn der Witz gegen blasse Deutsche geht dann den Staatsschutz ermitteln lassen & alle abschieben

@zugezogenovic

27.05.2018

das größte Problem ist dass Almans denken Nazis wären irgendeine isolierte mystische Sekte mit der sie nix zu tun haben dabei sind das alles deren Bekannte, Freund*innen, Kolleg*innen, Familie

17.12.2017

wenn ich nicht eingewandert wäre hätten die Deutschen echte Probleme, z.B Wohnungsnot, niedrige Löhne & Renten und soziale Ungerechtigkeit naja

@zugezogenovic

20.05.2018

„ja hallo wir sinds Claus-Dieter und Ulrike wir leben jetzt schon 2 Jahre auf Mallorca und die Leute hier können immer noch kein Deutsch“

09.12.2017

ich bin hierher eingewandert um euch zu erklären wie ihr zu leben habt und nicht andersrum

@zugezogenovic

Wenn es bei Deutschen brennt müssen sie erstmal 1 Sendung von zdf gucken damit sie wissen welche Art von Feuerlöscher sie jetzt brauchen

@Verraeterin/@ferraeterin

von „davon
haben wir nix
gewusst“ und
„mein nazi-opa
definiert mich
nicht“ will ich nix
mehr hören.
deutschland ist
ein kollektives
täter_innenland,
dessen kontinui-
tät mord ist.
diese kontinuität
wird nicht mal

eben unterbrochen. da müsst ihr schon in aktion treten.

@habibitus

26.05.2018 Twitter ist für Kanax und andere Marginalisierte der einzige Ort um frei über ihre Erfahrungen zu reden – das was Almans ÜBERALL können

und sie wagen es auch hier bei uns ihren Rotz abzulassen obwohl sie niemand was gefragt hat

@zugezogenovic

11.07.2018 deutschland riskiert lieber noch mehr morde an migrantisierten für die nächsten 120 jahre als seinen ruf. als ob es da noch was zu retten gäbe. #keinschlussstrich

@habibitus

25.06.2018

Wenn Nazis Memes über dich machen, aber der Witz auf sie geht. Denn was will 1 lieber werden: non-binary fashion icon oder boring Hete mit hässlicher Familie? Your life, your choice.

@habibitus

19.06.2018

Diese Almans, die ihre Abos kündigen wollen, weil sie „kein Geld dafür ausgeben, um sich in einer Kolumne beleidigen zu lassen", sind iconic. Sich in Frauenzeitschriften abwerten lassen ist kein Problem, aber wehe 1 Kanak_in wagt es, sich über 1 lustig zu machen.

@habibitus

24.06.2018

Almanlinke, die sich weigert, „BPoC" als Begriff zu nutzen, werden überrascht sein, was für 1 eklige „Blut und Boden"-Logik sie mit ihren alternativen Begriffen reproduzieren.

@habibitus

24.07.2018

Almans können mit 21 oft nicht mal Geschirr spülen, migrantische Kids dafür gefühlt mit 5 die Steuererklärungen ihrer Eltern abgeben.

@habibitus

#rassismus #sex #porn #kinks #bdsm

27.11.2016

Dating/Freund*innenschaften als Schwarze Person. Gedanken.

Dating sowie das Formen neuer Freund*innenschaften als Schwarze Person, birgt einige Fallstricke, die weiße nicht haben. Neue Beziehungen zu formen ist sowieso & immer spannend, aufregend, verunsichernd und möglicherweise enttäuschend.

Als Person, die sich mit Wirkmechanismen von -ismen auseinandersetzt, gibt es aber noch eine ganze Bandbreite von Sorgen, die über „mag mich die Person/rede ich zu viel/zu wenig/…" hinausgehen. Gerade wenn weiße Menschen (sexuelles) Interesse an mir zeigen, ist die Angst groß, dass das Interesse weniger daher kommt, dass ich als schön & sexy empfunden werde, sondern dass es exotistisches Interesse ist. Das Bild der sexhungrigen, „wilden" Schwarzen Person ist dank Kolonialrassismus, Popkultur & Bildzeitung weit verbreitet (Googleempfehlung „Jezebel"). Schwarze Personen als „sexy Deko" gibt's in Massen in Musikvideos, z.B. stritt ich mich mal mit einem Nazi (ja, ich war jung), der mir am Ende unserer Auseinandersetzung Avancen machte. Er fand zwar, dass Schwarze Menschen minderwertig sind, aber ging davon aus, dass der Sex sich lohnen würde *würg*. Klar, das ist ein sehr extremes Beispiel & dennoch ist dieses Bild in unser „Wissen" eingebrannt. Wie also unterscheiden zwischen ernsthaftem Interesse & rassistischer/exotistischer Neugierde? Ist das überhaupt trennbar? Gerade im Bereich CN #Sex, #porn, #kinks & #BDSM gibt es teilweise sehr krasse & triggernde Fetischisierungen, von denen man sich teilweise unerwünscht abgrenzen muss.

Auch #sexualisierteGewalt ist für Schwarze Menschen noch einmal anders Thema (bsp #fasttailedgirls).

Überhaupt Bekanntschaften/Beziehungen zu formen bedeutet häufig, sich mit nicht-reflektiertem Weißsein & Rassismen auseinanderzusetzen. Komm ich in die Situation erklären zu müssen, weswegen ich nicht an einem Montag in Dresden auf den Weihnachtsmarkt möchte? Werde ich nach Herkunft/nein, wirkliche Herkunft/na, du weißt doch, was ich meine gefragt? Muss ich mir Schwarz als Selbstbezeichnung erkämpfen? Fällt das N-Wort? Und immer: Wie reagieren? Wie viel erklären? Wie viele Verletzungen muss ich einfach aushalten (können), um mit yts *[Anmerkung der Redaktion: yt = white, yts: whites, whities]* befreundet zu sein? Was ist das ‚zu viel'? Was darf vorausgesetzt werden? Was ist mein Anspruch an mein Umfeld? Was ist mein Anspruch an mich selbst?

Klar ist: Ich muss mich immer mit Rassismus auseinandersetzen.

Es bereitet aber besonders viel Angst & besonders starke Schmerzen, je näher Personen mir sind/kommen. Die Frage – für mich – ist im Endeffekt immer: Wie reagiert die weiße Person auf Hinweise? Zieht sie Konsequenzen? Und zwar nicht nur mir „zu liebe", sondern für sich? Eine klare, definierte Lösung hab ich nicht & auch keinen Standardumgang.

Hierarchisierungen existieren und wirken sich auch in unseren Beziehungen aus. Es wäre toll, wenn weiße Menschen sich darüber bewusst sind.

11.11.2016

Orrrrrr! Handwerker aus der Hölle, ey. Herdmensch sollte um 13 Uhr kommen. 13:30 Uhr sagt er, er käme stattdessen um 19 Uhr. Kaum ist er da, zieht er den Backofen aus der neugebauten, passgenauen Verkleidung. Als er beginnt sage ich: „nicht rausziehen, die Kabel sind da rechts!“ Er: „das interessiert mich nicht!“

Whuuuut.

Direkt gefolgt von „Könnense ma hier n bisschen aufräumen?“

Whuuuuut.

Ich sag ihm: „sie machen das kaputt!“ Und er: „ja, das muss so“. Äh … ja, nee. Wenn das nicht wieder so ein Scheiss-Aufwand mit dem Kack-Amt wäre, würd ich den rausschmeissen.

#hartzfear Abhängigkeits-Drecks-Kack

Der Herdmensch zerstört meinen Duschvorhangstag!! *[Anmerkung der Redaktion: @hrmpfm hat an diesem Tag nach drei Monaten endlich einen Duschvorhang erhalten.]*

Krönung: Scheisse an meiner Leiter.

Aber Herd geht. Yay. -.- Hachja.

Negative Bewertung abgegeben & jetzt werd ich beleidigt & bedroht. So schön.

Hallo,
Sagt was bist du eine dreckige Lügner. Du muss bevor du von Sauberkeit redest, muss erst deine Wohnung sauber machen. Es hat so gestunken (sowie du) musste fast kotzen. Mir vor zu werfen, dass ich Hundekotz an der Leiter gehabt habe. Das war doch deine Leiter. Du wirst dafür bezahlen, dass du mich ungerecht bewertest hast.

Und: noch schöner.

1/5
Unfreundlich, schlechte Zahlungsmoral, woltte nicht Vereinbarte Betrag nicht bezahlen, Wohnung dreckig und mach mich an, angeblich sollte ich dreckig gemacht habe. Termin paar mal verschoben. Afrikanische Umstände. Sollte Kunden können mir gestohlen bleiben.

Gebe ich denen mal was sinnvolles zu tun …
Einige Tage später

@hrmpfm

#gewalt

29.11.2016

Interessant. Ist keine Bedrohung, weil er nicht ausformulierte, wie ich bezahlen soll.

Strafanzeige erstattet wegen Beleidigung, ggf auch Volksverhetzung. Hachja. Ich glaube, das ist jetzt meine 4. oder 5. Anzeige wg rassistischer Beleidigung. Und ratet mal, wie viele dieser Art ich *nicht* angezeigt habe.

[redacted] Tatsächlich passiert mir das mehrmals jährlich. Häufiger, wenn die Medien rassistischer sind. [redacted] Nach dem 11.September, nach Silvester zB ... [redacted] Jetzt, wo AfD, Le Pen & Trump mit Orban die Stimmung anheizen, wird es sicherlich nochmal mehr. Es kommt nicht von ungefähr, dass BPoC Angst haben. [redacted] Je gesellschaftsfähiger Rassismus wird, desto weniger Hemmungen haben Menschen. Je weniger Hemmungen sie haben, desto wahrscheinlicher werden körperliche Angriffe. [redacted] Ich habe das zweifelhafte Privileg, als weiblich (meistens) gelesen zu werden. Auch dass ich nicht dark-skinned bin, bedeutet, dass die Übergriffe & Beleidigungen (meist) in einem bestimmten Rahmen ablaufen. Als männlich gelesene, Hijabis & darkskinned Menschen werden – soweit ich weiss – nochmal anders angemacht. Ich werde aber klar als Schwarz gelesen, also sind Menschen mir gegenüber rassistisch. [redacted] Körperliche Angriffe habe ich glücklicherweise noch nicht viel von fremden erlebt. [redacted] Aber hab ich schon. [redacted] CN #Gewalt in *allen* Formen. Also ja, Pegida, Trump, Orban & Bedrohungen, die strafrechtlich keine sind, machen mir Angst. Nicht etwa, weil ich empfindlich wär, sondern weil ich Erfahrungen gemacht habe & die Geschichte mir zeigt, dass ich Angst haben sollte. [redacted]

18.06.2018

erteile heute alman journalisten schreibverbot

@bahaarebahar

20.06.2018

Wisst ihr noch die guten alten Zeiten als die ganzen Gastarbeiter- und Asylantenkinder noch nicht unsere tollen linken Strukturen versifft haben. Da war die Welt noch in Ordnung

@bahaarebahar

31.07.2018

Teil des Rechtsrucks ist auch der Antifeminismus in der Linken

@bahaarebahar

26.04.2018 #blackucation time

Fremdbezeichnungen für Schwarze Menschen

Oder auch: Warum Schwarz die einzig akzeptable Bezeichnung ist.

Oder auch: warum alle anderen Bezeichnungen hella rassistisch sind *[Anmerkung der Redaktion: hella ist US-englischer Slang und bedeutet so viel wie sehr oder viel]* #schauhin

1. N-Wort in allen Formen

Wortschöpfung durch weiße Menschen zur rassistischen „Rassen"einteilung. Extra-Klassifizierung ausserhalb des Mensch-Seins zum Zweck der Unterdrückung

2. „Farbig"

Nachdem festgestellt wurde, dass das N-Wort Ausdruck von Rassismus und Rassismus schlecht ist, wurde etwas neues erfunden.

Hier geht es auch um die Abgrenzung vom Weisssein und ist per Definition eine „Verschönigung"/Euphemismus. Als wäre Schwarz etwas schlimmes.

3. „Schwarzafrikaner*in"

Rassistische Einteilung des Kontinents in das „zivilisiertere", arabisch geprägte „Weiss"afrika (Nordafrika gemeint) versus das „wildere". Auch das: rassistisch.

4. „Mulatt*in"

Wort für ein rassegemischtes Tier: Pferd & Esel = mulo Bekräftigt das Bild von tierähnlichkeit und dass es „Rassen" gäbe und ist – wunder, oh wunder – rassistisch.

5. „Mischling"

Schon wieder: Ausdruck von „Rassegemisch", die es bei Menschen nicht gibt. Wo gibts das? Bei Tieren.

6. „Halfcaste“

Kommt vom Kastensystem, wo „caste“ rein bedeutet. Damit sind „halfcaste“ Menschen halb-rein. Als wäre Schwarz etwas minderwertiges. Rassistisch.

7. „HalbSchwarz“

Auch eine Kategorisierung, die sich vom weissen abgrenzt. Dazu eine Abgrenzung vom „Dreiviertel/Siebenachtel/GanzSchwarz“, was das am wenigsten wünschenswerte innerhalb vom white Supremacy ist.

Also: Schwarz als Gegenteilwort zu weiss (was beides keine korrekte Farbbezeichnung, sondern eine Beschreibung von Identitäten/Positionen innerhalb des rassistischen Systems ist)

Erkenne weisse Vorherrschaft! DASSIT

@hrmpfm

31.07.2018

Kanakinnen sind quasi am Faschismus schuld und Jutta Ditfurth ist quasi das Proletariat

27.07.2018

Einige meiner besten Freund*innen sind Almans!!!!

@bahaarebahar

30.07.2018

Mach mal den Versuch deutschen zu erklären dass du in dei-ner Community Gewalt erfährst aber es trotz-dem nicht okay ist sie zu stereotypisieren

@bahaarebahar

26.07.2018

Wenn du auch in der Therapie immer Rassismus-erfahrungen rausfilterst, weil du die Erfahrung gemacht hast, dass Therapeut_innen keinen Plan haben wie sie damit umgehen sollen. #MeTwo

@bahaarebahar

27.07.2018

Wenn du wirklich Therapeut werden willst um Menschen zu heeeeelfen dann gib deinen Studienplatz für ne migrantische Person frei

@bahaarebahar

20.07.2018

Als der Faschismus kam sagten deutsche Antifaschist*innen: „Migrant*innen, die Rassismuskritik gegenüber Linken üben, sind verantwortlich dafür, dass wir nichts gegen den Rechtsruck tun können."

@bahaarebahar

Deutscher Humor basiert auf kolonial-rassistischen Stereotypen. Oder Sexismus. Oder Queer-feindlichkeit. Oder Ableismus. Oder Klassismus. Meistens kommt aber alles zu-sammen.

Wenn Kanax anderen Kanax Duden schenken ist Danke Bruder. Aber wenn Almans 1 Kanax Duden schenken dann 🔪🔪🔪🔪

@apolitash/@cosmopolitash/@problematash

Seit wann sind Faschismus und Antisemitismus eine Meinung? Dieses Statement ist ein Schlag ins Gesicht von Betroffenen #fbm17 *[Link zum Statement der Frankfurter Buchmesse und des Deutschen Börsenvereins des Deutschen Buchhandels zu den Geschehnissen auf der Buchmesse 2017]*

@apolitash/@cosmopolitash/@problematash

Während deutsche Politiker*innen sich für eine Obergrenze für Geflüchtete einigen, passiert das in der realen Welt *[Anmerkung der Redaktion: Es wurde verlinkt zu einem Artikel des telegraph.co.uk „Dozens of migrants missing after boat sinks between Tunisia and Sicily"; Duzende Migrant*innen vermisst, nachdem ein Boot zwischen Tunesien und Sizilien gesunken ist]*

@apolitash/@cosmopolitash/@problematash

Chefin sagt den geflüchteten Kindern, dass sie sich benehmen sollen, da ja „Deutsche Steuerzahler" für ihre Ferienkurse gezahlt hätten. WTF?
Kind so: „Sollen wir uns gut benehmen oder wie deutsche Kinder?" I AM CRYING

@apolitash/@cosmopolitash/@problematash

27.04.2017

Reichsbürger. Identitäre. Sprengstoffwerkstatt. Bürgerwehren. Terrorsoldat. Können wir jetzt endlich über Naziterror in Deutschland reden?

@apolitash/@cosmopolitash/@problematash

Was Almans nicht schaffen: Erdoğan und Faschos zu kritisieren ohne (anti-muslimischen) Rassismus zu reproduzieren. Smh. *[Anmerkung der Redaktion: smh = shake my head, Kopfschütteln]*

@apolitash/@cosmopolitash/@problematash

Es nervt mich, wie das Wort „Fremdenfeindlichkeit" mich in die Fremdartigkeit zwingt. Es heißt Rassismus. Fertig. #Rassismus #Fremd

@apolitash/@cosmopolitash/@problematash

Almans denken Rassismus ist besiegt weil sie dir über Internet Kraft senden & dich umarmen wenn du willst

@ferraeterin

Bei Muslimen ist Heiligendarstellung verboten damit kein Alman kommt & white washing macht

@ferraeterin

Was Almanlinke sagen: Nazis klatschen Was Almanlinke tun würden: Nazis klatschen mit denen sie nicht verwandt oder befreundet sind Was Almanlinke tun: nichts

@ferraeterin

Die Unterdrückten beschützen feuchte Fantasie eines jeden Almans & gleichzeitig Herrenmenschfantasie es ist kompliziert

@ferraeterin

Das Gefährlichste, das diesen „DEUTSCHE SICHERHEIT IST GEFÄHRDET!!!"-Schreiern je passiert ist, war wahrscheinlich ein Schnupfen.

@ferraeterin

Ich finde so geil es gibt seit 1500 Jahren Islamwissenschaft & dann kommt 1 Kartoffel & behauptet irgendwas über Islam & sagt „ich hab Koran gelesen“ & alle so „oh wow er hat Koran gelesen dann muss er Recht haben“

@ferraeterin

white people: WAS?? du erfährst Rassismus voll HEFTIG wusste nicht dass es das gibt
white people: bei Rassismus zeige ich IMMER Zivilcourage

08.03.2018

heute ist internationaler Tag des Männer halten ihre gottverdammte Fresse

@zugezogenovic

12.06.2018

richtig peinlich wie Männer auf sozialen Medien rumheulen dass Frauen sich von ihnen nicht weiter ausnutzen lassen und jetzt einfach nein sagen

fast schon zum Fremdschämen

@zugezogenovic

30.06.018 nächstes mal, wenn ich so angestarrt werde, bringe ich den leuten augentropfen rum, das muss doch mega austrocknend sein, nicht mal zu blinzeln

@habibitus

28.07.2018 na, war's heilsam, zwischen der polizei und der cdu #pride zu zelebrieren?

@habibitus

04.08.2018

Ich mache auf Twitter auf sex-positive und woke aber hab zu Hause noch nie gesagt „Sex vor der Ehe ist keine Sünde“

@bahaarebahar

14.07.2018

Immer werd ich auf meinen Charakter reduziert

@bahaarebahar

31.07.2018

du wirst als Frau halt auch schlechter behandelt wenn du aus der Arbeiterklasse bist, behindert, queer, nicht-weiß und/oder Migrantin bist

@bahaarebahar

31.07.2018

Männer sind erst keine Arschlöcher, wenn sie nicht-weiße Frauen nicht exotisieren, wenn sie ihre Angestellten ernstnehmen und nicht schikanieren, wenn sie trans Frauen respektieren, wenn sie die Grenzen von Sexarbeiterinnen respektieren

31.07.2018

Fände gut wenn gewisse Linke sich genauso intensiv mit Sexismus und sexualisierter Gewalt beschäftigen würden wie mit Verallgemeinerungen gegenüber Männern aber das wäre ja sinnvoll und deswegen wird's nie passieren

@bahaarebahar

28.07.2018

Meine Qualitäten sind dass ich mega cool bin und schöne Körper hab und mehrere Tage im Bett chillen kann ohne dass mir langweilig wird

@bahaarebahar

18.12.2017 hasse es wenn alman menners mir herzchenaugesmiley schicken. I mean checkt mal bitte, dass ich euch hasse.

@apolitash/@cosmopolitash/@problematash

31.03.2017 der Bosnien-Krieg ist mein 9/11

@zugezogenovic

19.01.2018 der Akkusativ ist den Dativ sein Tod

16.07.2018

das „wenn du keine Reaktionen willst schreib halt nicht ins Internet“ ist das „wenn du nicht belästigt werden willst zieh halt keinen kurzen Rock an“ von Twitter

30.03.2017

ich hab 1 Krieg, 1 Frieden, 1 gestörte Familie & Armut überlebt. ich schlag den Raab.

@zugezogenovic

17.12.2017

ich poste Nudes für wissenschaftliche Zwecke

29.06.2018

wenn Adorno so klug war warum hat er dem Spiegel Interviews gegeben

@zugezogenovic

16.09.2017

kommst du noch mit hoch, dir meine Traumata-Sammlung angucken?

@zugezogenovic

30.03.2017

mir hat grad ein Bautzener gesagt, ich hätte doch in meinem Land bleiben sollen, um es aufzubauen

@zugezogenovic

30.11.2016

wieso kann man an purer Todes-sehnsucht nicht einfach sterben

@zugezogenovic

28.11.2016

Hab für meine morgige Therapiesitzung eine 34-seitige Powerpoint-Präsentation zusammengestellt.

@zugezogenovic

25.05.2018

hab meiner Therapeutin gesagt sie soll mir auf Twitter folgen weil kein Bock den ganzen Scheis 2× zu erzählen ganz ehrlich

@zugezogenovic

30.09.2017

Depressionen in der gutbürgerlichen Einfamilienhaussiedlung

@zugezogenovic

06.12.2017

will meine Depression von der Steuer ab-setzen

@zugezogenovic

17.07.2018

hatte mit 3 oder 4 mehr haare als die meisten almans in ihrem ganzen leben #tea

02.07.2018 not assuming people's gender and/or sexuality is a respect thing that is only reserved for white people [redacted] bpoc always get straight- and cis-washed (even called anti-queer) until they "prove" their queerness [redacted] and for some white people (esp. the ones who love fetishizing and romanticizing black and brown pain) the only way for qtibipoc to "prove" their queerness is when they experience violence, preferably from their own communities [redacted] if you don't become a hate crime target of certain people, you can't be queer enough unless you're white :-) that's why so many white people deny qtibipoc their solidarity unless they get (almost) killed by their families or communities, esp. if they are muslim i cannot help but wonder: is it actually about their solidarity or just a chance to hold up the trope of the anti-queer bipoc?

@habibitus

1707.2018 tb als mein baba mir bei aldi 1 tastatur kaufte und sagte: „hier, du wolltest doch so gern keybord spielen."

@habibitus

29.12.2017 Dinge, die dir niemand sagt, wenn du als Schwarze Person unter weissen aufwächst. #blackucation

1. Schwarze Haut neigt zu hyper- und hypotrophen Narbenbildung. Narben werden oft Hügelchen oder Täler. Wichtig bei OPs, Piercings (Keloide), Tattoos

2. Schwarze Haut neigt bei Narben (Kratzer, Pickel ...) zu Melanineinschüssen. Auch Dark Spots genannt. Ist nicht schlimm und regeneriert sich nach 6 – 24 Monaten von allein.

3. Weiße Handtücher sind kacke. Wenn du dich abtrocknest und das Tuch braun wird, heisst das nicht, dass du schmutzig bist. Das sind Hautschüppchen, die sich lösten. Ist normal & nicht schlimm oder Grund zu Scham.

4. Kaum wer hat nur eine Hautfarbe. Es ist normal, dass deine Haut unter den Achseln, zwischen den Beinen, ... dunkler und an anderen Stellen heller ist.

5. Alle in diesen Breitengraden neigen zu Vitamin D-Mangel. Mach ne Vitamin D-Kur.

6. Benutz Sonnenmilch, auch wenn Sonnenbrand unwahrscheinlicher ist. Krebs diskriminiert nicht.

7. Unsere lockigen Haare brauchen eine andere Pflege als Schaumawerbung suggeriert. Seltener (und so warm wie möglich!) waschen und Feuchtigkeit versiegeln durch Öle/Cremes/Gels.

8. Schuppenflechte, Neurodermitis, Ekzeme sind kein Grund sich zu schämen. Ja, es fällt mehr auf. Allheilmittel: Kokosöl.

9. Eincremen! You‘re ashy! Verwende am besten Kokosöl. Deine Haut wirds dir danken. Ausserdem ists günstiger und ergiebiger als der DM-Shit.

10. Kokosgeruch darf dich nerven. Du darfst Shea kacke finden.

11. Nein, du musst deine „Wurzeln“ nicht finden. Manche findens heilsam. Andere überwältigend. You do you.

12. Schwarze Menschen nicken dir zu & fragen dich wie es dir geht. Sieh es als deinen persönlichen Harry Potter-Moment. Du gehörst in eine andere Welt und wirst erkannt. Wir sind eine Gemeinschaft.

13. Lockiges Haar? Benutz einen Kopfkissenbezug aus Microfaser, Seide oder Satin. Entzieht weniger Feuchtigkeit → weniger Knoten.

14. Kämm deine Haare nicht täglich.

15. Kämm sie nur nass und am besten mit Spülung drin. Beginn an den Spitzen. Arbeite dich hoch. Bestenfalls teilst du deine Haare in 4–8 Abteilungen. Hilft.

16. Du bist Schwarz genug. Du bist wertvoll.

17. Wir können nicht alle Singen, Tanzen, Ballspielen. Wir sind nicht alle hypersexuell. Wir sind nicht alle natürlicherweise gut mit Kindern. Du bist okay.

18. Such dir Schwarze Freund*innen. Wirklich. Es hilft. Dir wird erst dann wirklich bewusst, wie sehr Schwarzsein Leben prägt und wo überall.

19. Es gibt keinen Bereich, in dem dein Schwarzsein nicht Belang hat.

20. Du bist okay.

21. Du bist okay.

22. Du bist okay.

23. Betablocker (Blutdrucksenkende Mittel) haben bei vielen Schwarzen Menschen eine paradoxe (= Gegenteilige) Wirkung. Wenn deine Ärzt*innen das nicht wissen, such dir andere.

24. Dein Zahnfleisch ist nicht automatisch krank, wenns nicht rosa ist. Viele Schwarze Menschen haben dunkles bis schwarzes Zahnfleisch. Zahnärzt*innen können sehen, ob es gesund ist.

@hrmpfm

26.01.2017

„… aber die Flüchtlinge haben alle Handys!“ Die kommen auch nicht ausm 12. Jahrhundert, die kommen aus Syrien.

05.09.2015

Kulturelle Aneignung. Kurzfassung mit Fokus auf Haaren.

Rassismus ist ein System, welches „Weißsein“ strukturell! als Norm erhebt und Abweichungen in Abstufungen als minderwertiger einordnet.

Beim Thema Haare bedeutet das, dass das natürliche, lockige Haar vieler Schwarzer Menschen als „schmutzig“, „wild“(= tierisch) gilt und galt.

Aus der Zeit der Versklavung Schwarzer Menschen (googlet Maafa!) ist die Einteilung in „gutes“ und „schlechtes“ Haar entstanden und wirkt … noch immer. Je „europäischer“ Haar ist, also je glatter es ist, desto „besser“ ist es. Es gibt zahllose Quellen zu der Historie. Dieses Phänomen ist durchaus nicht auf die USA beschränkt, sondern ist überall dort spürbar, wo es Schwarze Mesnchen gibt = überall.

@hrmpfm

17.06.2018 Wo ist eigentlich das allgemeine Interesse an Kinderrechten wenn Kinder in Lagern Leben müssen und abgeschoben werden #unbanverraeterin

@bahaarebahar

19.05.2018 porno statt pomo

@bahaarebahar

16.06.2018

queere almans sind auch almans auch wenn sie denken das hebt sich irgendwie dadurch auf

@bahaarebahar

02.05.2018

heute wieder drei weiße männer von der linken szene ausgeschlossen

05.08.2018

Ich glaube niemand hat Hegel wirklich gelesen, das wird nur oral history mässig von Vorlesung zu Vorlesung vermittelt und alle tun so als würde es auch im Text stehen

@bahaarebahar

05.08.2018

Ich denke die Kontinuität zwischen Hegel, Adorno und mir ist darauf zurückzuführen dass wir dieselbe Person sind die immer wiedergeboren wurde

@bahaarebahar

03.08.2018

Ich war mal mit einem Max unterwegs und er meinte „Ich bin Arbeiterkind" und ich dachte so hä wir sind doch alle Menschen?

@bahaarebahar

05.08.2018

Auf einer Skala von 1–10, wie sehr wollen Sie heute nicht existieren

@bahaarebahar

31.07.2018

Wusstet ihr dass hohe Lebenserwartung ein Privileg ist das einem auffällt wenn man frühzeitig ein Elternteil verliert während die meisten sogar lebende Großeltern haben

@bahaarebahar

01.08.2018

Ich hab echt wenig Theorie gelesen und formuliere trotzdem Gesellschaftskritik was wollt ihr machen?

03.08.2018

Finde es als Marxistin schwierig wenn Leute Identitätspolitik kritisieren aber selbst auch keine besseren Argumente haben als „ihr habt die marginalisierte Gruppe der weißen Arbeiterkinder übersehen“, willkommen in der pomo bubble sag ich nur

@bahaarebahar

31.07.2018

Finde komisch dass Menschen aufhören zu existieren nur weil irgendwas an ihrem Körper kaputt geht

30.07.2018

Weiße Menschen müssen auch aufhören darauf zu warten dass du ihnen das in ihrer Welt beliebte coming out Ritual bietest, scheiss auf deinen voyeurismus

22.07.2018

Bin irl erst cool wenn man mich 2+ Jahre kennt und ich nicht mehr ner-vös bin

@bahaarebahar

31.07.2018

Wieso fühle ich mich meistens nicht wohl in öffentlichen Räu-men? Achso, weil mein Körper sexualisiert und exotisiert wird, hatte kurz vergessen

20.07.2018

Nazi wer psychische Krankheit benutzt um Menschen und ihre Positionen zu delegitimieren

@bahaarebahar

21.07.2018

Wenn man Crenshaw und Marx in derselben Nacht liest geht man bei Sonnenaufgang in Flammen auf

@bahaarebahar

18.07.2018

Bin im Freibad und es ist gerade eine Ratte an mir vorbeigesprungen und ich überlege wie ich das framen soll

@bahaarebahar

05.05.2018

Für die Kommis hat heute Hajj angefangen *[Anmerkung der Redaktion: Kommis = Kommunist*innen. Am 5. Mai 1818 ist Karl Marx geboren]*

@apolitash/@cosmopolitash/@problematash

An Weihnachten Twitter anzünden. Was pro-islamisches schreiben. Anti-ds auslachen *[Anti-Deutsche, Anmerkung der Redaktion]*. Ein wenig antikommunistisch daher kommen. Schreiben, dass 1 Adorno langweilig findet und Marx Antisemit war. Geht alles weil Annika und Thomas eh bei Oma Hilde sind.

@apolitash/@cosmopolitash/@problematash

19.10.2018

Lieblings-cocktail „Not all Men“

½ Limette
2 EL Rohrzucker
100 ml Menners-tränen
100 ml white tears
Eis
Gönnt Euch.

@apolitash/@cosmopolitash/@problematash

Almans: Rassenhygiene
Auch Almans: Spülmaschine stinkt

@Verraeterin/@ferraeterin

Gette nicht wie Almans ihre Rasse reinhalten wollen wenn sie das nicht mal mit ihrer Wohnung schaffen

@Verraeterin/@ferraeterin

Will mal irgendwann in 1 WG nur mit Kanax wohnen weil ganz ehrlich Almans sind nicht das sauberste Völkchen

@Verraeterin/@ferraeterin

Hab 1 räpräsen-
tative Ştudie gemacht
letzte Nacht sie hat er-
geben raus aus Kreuz-
berg mit den Almans

@Verraeterin/@ferraeterin

Wie unbe-
schwert sich
Almans freuen
wenn ihre Kinder
ins Polizeiauto
vom Karussell
steigen

Almans haben immer Wanderrucksäcke dabei überall zu jeder Tageszeit ich nur so
– geht ihr wandern –

@Verraeterin/@ferraeterin

Klassen-
spannung ist wenn ich 1 Almanboy süß finde oder

@Verraeterin/@ferraeterin

Nichts macht Almans so nervös wie wenn sie an der Kasse nicht an die Warentrenner rankommen.

@Verraeterin/@ferraeterin

Almans kaufen Hummus bei Aldi

@Verraeterin/@ferraeterin

Almans hassen Türken aber sie sind trotzdem gute Menschen sie sind für Menschenrechte z.B. für Autos & Tiere

@Verraeterin/@ferraeterin

Jack Wolfskin
Jacken in derselben
Farbe kaufen ist für
Almanpärchen sowas
wie Verlobung

@Verraeterin/@ferraeterin

Ich: Deutsche sind Abfall
für mich
Almans: naja Nation ja
auch nur 1 Konstrukt

@Verraeterin/@ferraeterin

Almans:
Ich: kein Wunder
dass euch keiner
liebt

Almans: machen Augenkontakt
Ich: ich bin nicht hier um Freunde zu finden

@Verraeterin/@ferraeterin

Egal was ihr macht entschuldigt euch niemals bei Almans sie sollen eure Füße küssen nicht andersrum

@Verraeterin/@ferraeterin

Ich: was ist d1 Lieblings-position
Alman: Opfer

@Verraeterin/@ferraeterin

Heute hat ein Dachdecker gefragt ob er Schuhe ausziehen soll bei uns die Deutschen integrieren sich gut finde ich

Mensa: bietet zwei gekochte Eier mit Senfsoße als Gericht (!) an ich: Deutschland du mieses Stück Scheiße

@Verraeterin/@ferraeterin

Wenn Kartoffeln sich auf Twitter gegenseitig *empowern* muss ich an die Szene aus 1 Jugendfilm denken wo gemeinsam auf 1 Keks gew***** wird weiß nicht warum

@Verraeterin/@ferraeterin

Wer nicht politisch genug ist für white savior complex kann sich 1 Sojaschnitzel kaufen und es 1 Lifestyle nennen DAS ist Inklusion für mich

@Verraeterin/@ferraeterin

Weiße Veganer die ihrem Hund 1 arabischen Namen geben weil sie so gern Hummus essen

@Verraeterin/@ferraeterin